Eau : l'état d'urgence

Anne Le Strat

SeuilLibelle

Alerter. Informer. Questionner. Libelle a vocation à accueillir les textes courts d'auteur·e·s engagé·e·s, creusant l'information et devançant les polémiques. La collection veut pallier l'érosion du débat public en proposant des réponses argumentées et rapides aux prises de position souvent trop tranchées. Un espace de liberté pour les essayistes, d'information et de nuance pour les lectrices et lecteurs.

ISBN 978-2-02-154575-3

www.seuil.com

Eau : l'état d'urgence

Anne Le Strat

Les stigmates des feux qui ont ravagé en juillet dernier les monts d'Arrée au cœur du Massif armoricain sont encore visibles. Toujours dans le Finistère, Brasparts a vu des centaines d'hectares de ses landes et tourbières brûlées, ses habitants évacués, et une partie de la population privée d'eau au robinet. Des exemples parmi tant d'autres dans une Bretagne étouffant l'été dernier sous des records de température, des incendies et des sécheresses prolongées. Qui aurait pu affirmer que cette région connaîtrait un jour un tel déficit en pluie et des températures autour de 40 °C à Brest ?

À Coucouron en Ardèche, un camion-citerne continue depuis juillet 2022 de déverser ses milliers de litres d'eau dans le réservoir asséché du village. Nous sommes pourtant en pays de sources et de zones humides, en bordure orientale du Massif central, où naissent la Loire, l'Allier et l'Ardèche. Mais que ce soit la Loire, l'Allier, ou des rivières d'Ardèche du Nord comme le Doux et la Cance, toutes atteignent aujourd'hui à peine 20 à 30 % de leur débit moyen mensuel.
L'été 2022, sur l'ensemble des territoires de la France métropolitaine, ce sont des terres dévastées par la sécheresse, la végétation brûlée par le soleil et le manque d'eau, les cours d'eau à sec, les coupures d'eau au robinet, sans parler des feux de forêt et de maisons qui craquellent à cause de l'assèchement des sols. Plus d'un millier de communes ont dû mettre en place des mesures de gestion exceptionnelles pour approvisionner leurs habitants. Des hécatombes de poissons et des destructions d'habitats naturels, potentiellement irréversibles, ont été observées.
L'expérience sensible que nous avons eue d'un assèchement morbide de nos paysages a marqué les esprits et les corps, accentuant le sentiment de grande vulnérabilité du vivant. La France a

traversé en 2022 la sécheresse la plus longue et la plus étendue jamais enregistrée par Météo-France depuis 1959, année de sa création. Marquée par plusieurs épisodes caniculaires hors normes, elle s'est accompagnée d'une forte baisse des précipitations avec des records de déficit pluviométrique, jusqu'à – 85 % en juillet.

Comme si la sécheresse estivale n'avait pas suffi à nous inquiéter, la sécheresse hivernale, avec plus de trente-deux jours de suite sans précipitations, a mis de très nombreux territoires sous tension hydrique élevée. La pluviométrie de l'automne et de l'hiver passés n'a en effet pas permis de compenser les déficits d'eau accumulés et l'état des lieux en cette fin d'hiver est plus grave que l'année dernière. La situation reste inquiétante sur une grande partie du pays avec 75 % des niveaux des nappes phréatiques sous les normales mensuelles, et de nombreux territoires présentent un risque avéré de sécheresse pour cet été, selon le dernier communiqué du BRGM (Bureau de recherches géologiques et minières)[1].

Si l'année 2022 est exceptionnelle, tout le monde s'accorde à considérer qu'elle s'inscrit dans les bouleversements climatiques et les évolutions attendus dans notre pays à l'horizon des prochaines décennies. Le réchauffement climatique accentue la sécheresse car des températures plus élevées entraînent une plus forte évaporation de l'eau en été. Dans les scénarios du GIEC (Groupe d'experts intergouvernemental sur l'évolution du climat), une hausse de la température de + 1 °C réduit l'eau disponible de 7 % (par l'évaporation). En 2040, ces canicules seront devenues beaucoup plus probables avec le réchauffement climatique, ce qui en ferait des événements peu exceptionnels selon les météorologues. Encore inimaginable aujourd'hui, la Bretagne, par exemple, pourrait vivre en 2050 sous un climat méditerranéen avec des vagues de chaleur comme au Portugal plusieurs fois dans l'année, selon des projections climatiques[2]. Les scénarios d'ici 2050 fondés sur Explore2070[3] montrent pour la France métropolitaine une baisse systématique de la ressource disponible aux niveaux des nappes, des eaux superficielles comme des sols, en particulier sur les périodes d'étiage estival, qui pourrait être réduite de 30 à 60 %. Tous les indicateurs sont au rouge : précipitations estivales, niveaux des nappes, débits annuels, humidité des sols, etc. Les prévisions sont à la baisse concernant les masses d'eaux souterraines et de surface, avec une

diminution moyenne de la recharge des nappes d'eaux souterraines sur l'ensemble du territoire français de l'ordre de 10 à 25 %, particulièrement marquée pour le bassin de la Loire, où elle atteindra 25 à 30 %, et pour le Sud-Ouest (30 à 50 %), région où l'on prélève le plus pour l'irrigation.
Ce qui rend la situation actuelle particulièrement tendue c'est que tout le monde pressent bien que cette baisse des ressources en eau risque très probablement de devenir la norme et non l'exception. La crise climatique est là, et nous sommes entrés dans une crise de l'eau. Elle se manifeste par un déficit structurel de la ressource en eau qui n'ira que croissant avec le changement climatique, la perte de la biodiversité, l'artificialisation et la dénaturation des sols. Les enjeux quantitatif et qualitatif s'entremêlant étroitement, l'augmentation de la température provoque également des conséquences très importantes sur les milieux (eutrophisation, développement de cyanobactéries...), avec une dégradation de la qualité des eaux qui va peser plus fortement sur l'alimentation en eau potable. L'été dernier, l'approvisionnement en eau de la population nantaise a été menacé à cause du bouchon vaseux impactant la

capacité de traitement de la station de potabilisation de l'eau.
La sécheresse vécue sur l'ensemble du territoire français l'été dernier a sonné le glas d'une certaine insouciance marquée par le déni d'une crise de l'eau. L'eau nous semble encore dans notre pays riche et bien doté en ressources naturelles une évidence dans notre quotidien. Sauf exception et circonstances particulières, elle arrive au robinet sans que nous ayons à nous soucier de sa provenance, de sa qualité et de sa quantité, ni de son prix.
Ces derniers mois nous ont rappelé que ce sentiment d'évidence ne correspondait pas ou plus à la réalité. La question de l'eau est au cœur du débat public et politique. Les manifestations d'octobre et de mars derniers à Sainte-Soline autour du projet des mégabassines et leur répression ont jeté une lumière crue sur les potentielles luttes autour de l'eau. L'avenir va être chaud, sec et conflictuel...
Au moment où j'écris ce livre, l'actualité sur l'eau n'a jamais été aussi forte. Alors que l'eau n'était quasiment jamais à l'agenda médiatique, pas un jour ne se passe sans un nouvel article, interview, débat sur les risques liés à la sécheresse, les conflits

autour des usages disputés de l'eau, sans qu'un nouveau rapport ou plan ne sorte pour évoquer les perspectives inquiétantes sur les ressources en eau et les mesures à mettre en œuvre pour y faire face. Même les pouvoirs publics, y compris le président Emmanuel Macron, évoquent de possibles « guerres de l'eau ».

Sécheresse, de quoi parlons-nous ?

On entend généralement par sécheresse un déficit en eau par rapport à une situation normale, qui peut se traduire de plusieurs façons avec des impacts variés sur les écosystèmes humains et non humains.

La *sécheresse météorologique*, la plus facilement observable, correspond au déficit de pluviométrie mesuré par rapport aux normes saisonnières sur une période suffisamment longue.

La *sécheresse hydrologique* caractérise un déficit de débit des rivières, fleuves et autres cours d'eau, et une baisse des niveaux des nappes phréatiques ou des retenues (barrages, réservoirs, etc.). Elle peut intervenir sous l'effet du manque de précipitations et/ou d'une absence d'infiltration en profondeur dans le sol jusqu'aux nappes, soit parce que l'eau de pluie ruisselle trop au lieu d'être absorbée (sol imperméable, artificialisé, compacté...), soit parce que l'eau est captée par la végétation avant d'atteindre le sous-sol. C'est lorsque la sécheresse hydrologique est constatée (et non la sécheresse météorologique) que les usages de l'eau peuvent être limités par arrêté préfectoral.

La *sécheresse agricole* ou *agronomique* constate un déficit du bilan hydrique (précipitation, évaporation et évapotranspiration de la végétation) dans le sol.

Les trois ont une dynamique propre et peuvent, ou non, se produire en même temps, frappant diversement les activités humaines, la production végétale et la vie de la faune. Les activités humaines jouent par ailleurs un rôle si marqué dans l'amplification des sécheresses qu'a émergé la notion de *sécheresse anthropique*[4], impliquant des épisodes secs dus aux prélèvements et consommations d'eau, indépendamment des conditions climatiques.

Il existe enfin des sécheresses océaniques aux conséquences tout aussi, voire plus désastreuses. Si nous ressentons et souffrons particulièrement des sécheresses estivales, les sécheresses

hivernales ont pourtant un impact aussi important, dans la mesure où ce sont les précipitations en cette saison qui vont permettre la recharge des nappes et l'humidification des sols, car la végétation n'absorbe pas l'eau au repos. Ce qui signifie qu'un printemps pluvieux ne permet pas de compenser un hiver sec ni d'éviter que le niveau des nappes phréatiques et des cours d'eau reste bas, créant un risque de pénurie d'eau.
Avec les risques accrus de sécheresse, une petite musique se fait entendre sur les volumes d'eau importants qui vont se perdre dans la mer. Reprise notamment par les tenants des mégabassines, représentants de la FNSEA (Fédération nationale des syndicats d'exploitants agricoles) mais aussi par le ministre de l'Agriculture, Marc Fesneau, elle semble justifier qu'un *excès d'eau* se jetant inutilement à la mer devrait être prélevé pour des usages agricoles. Ce genre de propos traduit une méconnaissance totale des cycles hydrologiques. Il néglige les multiples rétroactions, tant chimiques, physiques, que biologiques et écologiques entre les cycles d'eau douce et les milieux océaniques[5]. Il fait fi des apports d'eau douce à la mer par les nappes et les rivières et leurs flux de matière associés, des impacts des prélèvements

sur les écosystèmes marins, de l'apport des eaux douces aux estuaires qui sont des zones de rencontre entre l'eau de mer et l'eau des rivières. Venant des représentants du monde agricole, cette ignorance des cycles de l'eau est consternante quand on sait que ces cycles sont partie intégrante de leur activité. L'eau, ressource vitale essentielle, si banale dans notre quotidien, est mal connue. Les interactions entre les cycles des eaux, les milieux vivants et les activités humaines sont mal appréhendées. Constat encore plus vrai dans les territoires urbains que ruraux. Le parcours de l'eau, ses flux qui traversent les terres, alimentent les villes, dessinent les paysages et modèlent le sous-sol sont souvent invisibles et méconnus. Les infrastructures et équipements qui permettent l'aménagement des masses d'eau, l'approvisionnement pour l'eau potable, les usages agricoles et industriels sont globalement ignorés. Les réseaux de transport (gares et lignes de chemin de fer, (auto)routes, etc.) nous sont familiers, pas les usines de traitement de potabilisation ni les réseaux d'adduction d'eau. Hormis les spécialistes scientifiques, nous ignorons les chemins de l'eau se frayant un passage à travers les roches, d'une nappe à l'autre pour

alimenter les lacs et les sources puis les cours d'eau, les rivières, les fleuves avant de déboucher en mer.
Cette méconnaissance, expliquant en partie le manque d'intérêt hors temps de crise, entretient une approche utilitariste et extractiviste de la ressource. L'eau est seulement considérée comme un élément naturel à exploiter, une matière première comme une autre, un capital au service d'usages économiques dans un système marchand. Dans cette perspective, la question de l'eau devient une simple question technique. On lui retire ses caractéristiques intrinsèques, celle qui en fait une composante fondamentale de tous les écosystèmes, celle d'un milieu de vie en interaction étroite avec les roches, les sols, la faune et la flore, sur terre comme dans les océans.

Qui prélève, qui consomme et pour quoi faire ?

Il n'est pas facile de dresser le panorama des prélèvements d'eau liés aux activités humaines et leurs impacts sur les cycles et les écosystèmes, sachant qu'il faut distinguer les quantités « prélevées »

– dont une grande partie est rapidement restituée au milieu, et donc à nouveau disponible – et celles réellement « consommées ». Parce que l'idée de l'abondance de l'eau était communément admise, parce que le sujet est très sensible, nous n'avons pas une connaissance exhaustive des prélèvements, a fortiori des consommations. Une part non négligeable n'est pas déclarée, donc ni comptabilisée ni payée. Cela concerne par exemple des pompages de particuliers, notamment pour les piscines individuelles. Rappelons à ce sujet que la France affiche un chiffre record de plus de 2,5 millions de bassins privés, détenant ainsi le plus important parc de piscines d'Europe et le deuxième au niveau mondial derrière les États-Unis. Mais cela concerne aussi beaucoup de forages agricoles qui ne sont pas équipés de compteurs, ce qui ne permet pas de comptabiliser justement les prélèvements d'eau pour l'agriculture. Or, pour gérer efficacement et solidairement cette ressource, il faut pouvoir mesurer ce qui est réellement prélevé et consommé.
Si l'on considère l'ensemble des prélèvements, soit près de 33 milliards[6] de mètres cubes d'eau douce par an, 80 % sont réalisés dans les *eaux de surface* : ce chiffre s'explique largement par les quantités

considérables d'eau utilisées pour le refroidissement des centrales nucléaires et l'alimentation des voies navigables, qui en représentent les deux tiers. On notera que les prélèvements de surface pour l'énergie, les canaux et l'alimentation en eau potable ont diminué ces dix dernières années, tandis que ceux pour l'industrie et l'agriculture, qui représentent des volumes relativement moins importants, ont crû sur cette même période (respectivement de 13 et 2 %).

Les prélèvements d'*eaux souterraines* sont quant à eux destinés pour 60 % à l'eau potable, et pour 25 % à l'irrigation. Ceux destinés à l'irrigation sont effectués pour plus de la moitié dans deux régions, la Nouvelle Aquitaine et le Centre-Val de Loire. Ils ont continuellement crû ces dernières années (de près de 40 % entre 2012 et 2020), tandis que les prélèvements pour l'alimentation en eau potable et l'industrie ont diminué.

Concernant la consommation d'eau douce, c'est-à-dire les quelque 4,1 milliards de mètres cubes utilisés et disparaissant du milieu, ils sont avant tout le fait de l'irrigation agricole qui en représente 58 % (consommation par évapotranspiration des sols, des retenues et des plantes), devant les 26 % consommés pour l'eau potable et les 12 % absorbés

par les centrales nucléaires (aéroréfrigération). Rappelons que l'irrigation concerne environ 7 % de la SAU (surface agricole utile), majoritairement pour la culture du maïs.
Les cycles d'eaux souterraines et ceux d'eaux de surface ne peuvent en réalité être dissociés ; les recharges des nappes souterraines jouent sur l'alimentation des cours d'eau (et vice versa), et toute eau prélevée dans une nappe a un impact sur les eaux de surface et sur les écosystèmes afférents. De même, on ne peut dissocier quantité et qualité. Par exemple, le secteur nucléaire consomme relativement peu – toutefois trois fois plus que les autres usages industriels – mais prélève énormément et rejette dans les milieux aquatiques des eaux chauffées qui ont des impacts non négligeables sur la biodiversité.
Autre précision qui a son importance dans le débat actuel, la consommation représente un enjeu plus lourd de conséquences sur les équilibres hydrologiques que les prélèvements. Ces derniers peuvent constituer un véritable problème localement quand ils sont trop élevés, mais n'ont pas d'impacts aussi forts que les volumes consommés. Il est donc certes souhaitable que chacun et chacune économise l'eau, qu'on diminue les fuites

dans les réseaux mais les risques qui pèsent sur la disponibilité de l'eau à l'avenir ne dépendent pas des écogestes ni même de l'eau perdue qui repart dans les milieux.

La vraie question stratégique hautement inflammable est relative aux priorités que le pays se donne en termes de répartition des usages de l'eau entre les différents acteurs. Les controverses sur le choix des consommations prioritaires vont aller grandissant et vont concerner tous les secteurs, de l'agriculture au tourisme, des activités de loisirs aux industries.

Pour prendre l'exemple d'un conflit autre qu'en milieu agricole, celui qui déchaîne les passions dans le bassin grenoblois concerne la consommation d'eau industrielle pour la fabrication de puces électroniques. Dans cette vallée de l'Isère, historiquement très abondante en eau mais qui aujourd'hui n'est plus épargnée par les sécheresses, 70 % de l'eau est utilisée par l'industrie des puces électroniques. Or dans le cadre de Choose France (sommet mis en place par le gouvernement en 2017 pour développer l'attractivité de la France), STMicroelectronics et GlobalFoundries annoncent un projet d'usine commune à Crolles, près de Grenoble.

L'investissement qui prévoit plusieurs extensions d'usines se monte à 5,7 milliards d'euros dont l'État prévoit de fournir environ 40 % des fonds. Une caractéristique de la production de semi-conducteurs, en plus d'être énergivore, est qu'elle est très gourmande en eau. Le volume de consommation du site actuel équivaut à celui d'une ville de 100 000 habitants et la nouvelle installation pourrait doubler les volumes d'eau utilisés. STMicroelectronics a même obtenu l'autorisation de l'État de réaliser deux forages de prélèvement d'eau dans la nappe phréatique du site afin de sécuriser son approvisionnement. Dans le contexte actuel de sécheresse, le projet divise entre ceux qui le considèrent comme stratégique pour la souveraineté de la France dans la production de semi-conducteurs et ceux qui le voient comme une catastrophe écologique. Un collectif du nom de Stop Micro ! réunissant agriculteur·trices, écologistes et citoyen·nes manifeste aujourd'hui sous le slogan « De l'eau, pas de puces » avec cette question : va-t-on cesser de faire pousser des légumes pour pouvoir graver des puces électroniques ?

Conflit des mégabassines : une lutte politique pour l'eau

Les batailles autour des projets de mégabassines sont la parfaite illustration d'un conflit ouvert depuis des années sur le partage de l'eau, qui s'est radicalisé par l'aggravation du contexte hydroclimatique.

Les retenues d'eau ne datent pas d'aujourd'hui. Depuis les années 1990 elles se multiplient. Au début des années 2000, on en comptait environ 125 000 dans le monde, plutôt de petite taille, assurant la collecte et le stockage de l'eau pour des besoins divers : eau potable, agriculture, industries, pisciculture, loisir ou soutien d'étiage. Aujourd'hui ce serait près de 800 000 retenues observées par satellites. Cela va bien au-delà des seules retenues de substitution, ce sont essentiellement des retenues collinaires, des plans d'eau sur source ou latéraux au cours d'eau, etc. assez souvent construites de manière illégale.

Les mégabassines ou retenues de substitution, au nombre d'une centaine aujourd'hui en France, diffèrent des retenues classiques par leur caractère artificiel, leur taille et leur mode de remplissage. Ce sont d'immenses réservoirs sur

bâche plastique, de plusieurs hectares, excavés, endigués et souvent connectés à des kilomètres de tuyaux. Ils ne se remplissent pas en captant l'écoulement de l'eau, mais uniquement par pompage en nappe et en rivière. Le terme « substitution » désigne la pratique permettant de prélever l'eau dans le milieu hors période de tension (en automne et en hiver généralement) pour la stocker dans une retenue utilisée en été et diminuer d'autant les prélèvements dans le milieu en période d'étiage. Cela s'inscrit dans une logique de l'offre par la recherche de ressources additionnelles grâce au recours d'équipements techniques, dont le but n'est pas l'adaptation à la disponibilité de la ressource de plus en plus variable mais l'augmentation de sa disponibilité pour maintenir une trajectoire de croissance. Les chercheurs nomment ce phénomène « *fix hydrosocial* », en référence aux drogues. L'objectif est de réparer un « dysfonctionnement (le manque d'eau), en immobilisant du capital dans une infrastructure, au lieu d'investir pour soutenir la transition vers des pratiques moins gourmandes en eau[7] ».
Ce principe est l'un des motifs d'opposition à ces infrastructures rangées, selon les scientifiques, dans la catégorie de la « maladaptatation ». En

effet, cette solution technique est non seulement inadaptée aux profonds bouleversements climatiques et hydrologiques à l'œuvre sur le territoire, mais elle répond à un besoin de court terme face à une pénurie d'eau qui ne permet pas de rechercher une autre solution plus soutenable et aggrave le risque que l'équipement technique est supposé résoudre. Cette infrastructure crée aussi un effet rebond qui incite à l'utiliser afin de rentabiliser son investissement en empêchant de penser à des alternatives.

Ces bassines participent à l'assèchement des cours d'eau et à la destruction de leurs écosystèmes à cause des seuils fixés par la préfecture qui autorisent leur remplissage même lorsque la nappe est extrêmement basse.

Une expertise scientifique a confirmé que les effets des retenues sur les écosystèmes aquatiques sont bien réels. En stockant et détournant de l'eau, les retenues modifient les chemins des flux d'eau et les écosystèmes afférents. « Elles influencent ainsi les régimes d'écoulement, le transfert de sédiments, de nutriments et de contaminants, en allongeant notamment les temps de séjour de l'eau, et modifiant ses caractéristiques physico-chimiques[8]. » La solidarité

amont-aval sur les bassins est menacée ; sans parler de l'ajustement géomorphologique des cours d'eau, du stockage-relargage de certains contaminants, ou de l'évolution d'espèces et d'organismes liés au milieu aquatique. Il ne faut pas négliger les impacts de ces équipements sur les temps longs, susceptibles de s'observer sur plusieurs dizaines d'années, et sur des échelles spatiales plus larges que celle des projets considérés, comme l'apport de sédiments jusqu'à la mer, le transport de polluants ou l'émission de gaz à effet de serre.
Si cela ne suffisait pas, la perte d'eau par évaporation est certes difficile à chiffrer mais peut aller jusqu'à 60 %[9] et les phénomènes d'eutrophisation et de prolifération de cyanobactéries sont bien documentés. Alors que le stockage naturel de l'eau dans les nappes n'a que des avantages, la question se pose quant aux réelles motivations pour les irrigants de construire ces bassines. Ces réserves de substitution permettent en réalité aux agriculteurs raccordés de déroger aux restrictions de prélèvements l'été quand la disponibilité d'eau se fait plus rare. Les arrêtés préfectoraux ne s'appliquent pas à eux ! Contrairement à tous les autres usagers du même territoire.

C'est un cas patent d'accaparement d'une ressource en eau au profit d'une minorité. Un autre aspect scandaleux de ces projets est qu'ils sont en majorité soutenus financièrement par des fonds des agences de l'eau, donc de l'argent public provenant de la facture des usagers, sans qu'ils bénéficient d'une acceptation sociale sur le terrain. Un cas malheureusement assez classique de privatisation d'une infrastructure sur fonds publics. La question à la fois de la légalité et de la légitimité de ces ouvrages est posée avec force.
La communauté scientifique, et notamment les hydroclimatologues, est unanime pour alerter sur les risques. Dans son dernier rapport, le GIEC des Pays de la Loire recommande d'interdire la construction d'ouvrages de stockage de l'eau de grande dimension (mégabassines) remplis par pompage dans les nappes phréatiques dans la mesure où cela « expose à des problèmes d'évaporation, de pollution, voire d'épuisement des nappes sur le long terme[10] ». Même le Conseil économique, social et environnemental (CESE) préconise dans son avis que « soient rendus publics les volumes totaux prélevés et les stratégies d'irrigation agricole », et qu'il soit « interdit de subventionner par des fonds publics tout projet de

création de mégabassine, notamment celles alimentées par pompage dans la nappe phréatique, qui permette un accaparement de la ressource en eau et entraîne une dégradation de l'environnement, de la biodiversité et un risque pour la santé humaine »[11].
Malgré tout cela, l'État a soutenu et continue de soutenir les bassines en reprenant les arguments des agriculteurs irrigants et de l'agro-industrie sur la souveraineté alimentaire de la France. La question des mégabassines, on l'a compris, est éminemment politique, imbriquée dans un jeu de pouvoirs opposant des modèles agricoles et économiques radicalement différents, dans le cadre de processus de délibération et de décision peu démocratiques.

Deux visions, deux modèles

La bataille autour de Sainte-Soline, et plus généralement des mégabassines, illustre la confrontation entre deux visions du monde, deux approches de l'eau radicalement différentes. Car, contrairement à ce que voudraient laisser croire les tenants de ces superinfrastructures, il existe bien d'autres solutions, plus viables, plus justes et plus efficaces pour répondre à la raréfaction de la disponibilité en eau. À rebours du modèle actuel, productiviste et extractiviste, techno-centré et court-termiste, il faut adopter une approche systémique intégrant les interactions vivantes entre humains et non-humains, et fondée sur les mécanismes de résilience des milieux naturels.

Nous devons « renaturer » et mettre en œuvre des solutions fondées sur la nature. Il faut favoriser les pratiques agricoles et d'aménagement du territoire qui conduisent à une meilleure rétention de l'eau dans les sols. Cela passe par la restauration d'un sol vivant riche en matière organique naturelle (aéré par les vers de terre et les champignons), et par l'encouragement à végétaliser de manière permanente les sols (couvert hivernal qui permet à l'eau de s'infiltrer, etc.). Désimperméabiliser les sols artificialisés, principalement en zones urbaines et périurbaines, est également une urgente nécessité pour favoriser l'infiltration des eaux pluviales et permettre la recharge des nappes, diminuer les transferts de polluants et lutter contre les inondations. Il faut engager un programme de préservation, d'entretien et de plantation de haies bocagères. En un siècle, c'est près des trois quarts

des haies qui ont disparu du paysage mais aussi de la boucle vertueuse qui permettait aux sols de mieux infiltrer l'eau et d'éviter le ruissellement. Les prairies, zones humides et bocages doivent reprendre place dans nos paysages.
Il existe une autre agriculture que celle uniquement défendue par les gouvernements et le puissant syndicat agricole, la FNSEA. Les pratiques agro-écologiques, l'agroforesterie, la permaculture notamment ont fait la preuve de leurs bénéfices sur la biodiversité, sur la protection des milieux naturels et sur la santé humaine. Ces modèles agronomiques préservent l'eau, le sol et les écosystèmes tout en permettant aux paysan·nes d'avoir un revenu décent. Ils contribuent à séquestrer le CO_2, à atténuer les effets des sécheresses, à limiter l'érosion, et à protéger la faune et la flore. Ils ont fait leurs preuves sur le terrain, et ne demandent qu'à être soutenus et généralisés. Des expériences de partenariat entre les agriculteurs et les acteurs de l'eau montrent que la coopération est possible. La régie publique Eau de Paris mène depuis des années des actions de partenariat avec les agriculteur·rices installé·es sur ses aires d'alimentation en eau. Avec le soutien de l'Agence de l'eau Seine-Normandie qui finance le projet à hauteur

de 80 %, elle met en œuvre depuis 2020 un dispositif pionnier et ambitieux d'aides agricoles doté d'un budget de 47 millions d'euros sur dix ans. Ce dernier combine protection des eaux souterraines et appui à l'agriculture durable et biologique. Pensé pour et avec les exploitant·es agricoles sur le principe des paiements environnementaux, il a déjà convaincu 82 d'entre eux de s'engager à réduire, voire à supprimer l'usage d'engrais et de pesticides, à adopter des modes de culture durables et/ou biologiques ou encore à cultiver davantage de prairies sur les aires de captage d'Eau de Paris. En échange, la régie publique les accompagne sous forme de conseil technique et d'appui financier. Dans le cadre d'un contrat de territoire « Eau et climat », des actions prioritaires ont été identifiées pour améliorer la résilience du système d'alimentation en eau potable, réduire les prélèvements, préserver la qualité des ressources en eau, améliorer la connaissance et le suivi des ressources.

Les solutions pour répondre à la crise de l'eau et de la biodiversité sont donc connues, elles sont validées scientifiquement et empiriquement. Si elles ne sont pas mises en œuvre, c'est qu'elles dérangent l'ordre économique dominant. Elles

ne sont pas compatibles avec la logique de compétition et de concentration capitaliste, avec le marché mondial de l'agroalimentaire, avec les contraintes que font peser les multinationales agro-industrielles sur les pratiques agricoles, avec les choix actuels de production.
Comme le dernier rapport du GIEC le souligne, nous avons toutes les connaissances et les techniques pour répondre aux bouleversements que le changement climatique et les crises de l'eau et de la biodiversité nous font de plus en plus subir dans notre quotidien. Ce n'est pas un défaut de solutions mais de volonté politique. Il faut avoir le courage de bifurquer de la voie tracée par une élite politique et économique qui nous a conduits à l'impasse et d'emprunter celle expérimentée et réclamée par le plus grand nombre à rebours du modèle productiviste et extractiviste.

Le « plan eau » du gouvernement : au-delà de quelques formules, le maintien d'un statu quo

Le 30 mars 2023, le chef de l'État présentait le « plan eau » dont la préparation avait été initiée au sortir de l'été 2022, la sécheresse ayant suffisamment marqué les esprits pour qu'il soit le premier chantier de la nouvelle démarche de planification écologique. Des concertations avaient été menées, au pas de course, au travers du Comité national de l'eau, sans qu'il soit fait référence au long processus de débat et de co-élaboration programmatique issu des Assises de l'eau de 2019. Le plan présente 53 mesures, organisées selon trois grands axes : organiser la sobriété, optimiser la disponibilité de la ressource, protéger la qualité de l'eau, complétés de mesures transversales de moyens et de quelques annonces sur la gestion de crise de la sécheresse.

Les principaux enjeux sont couverts et les objectifs déclarés semblent ambitieux. Emmanuel Macron a saisi l'occasion de cette annonce pour faire sa première sortie de terrain (avec une arrivée en hélicoptère…) en plein débat des retraites. Au-delà du terme revendiqué de « sobriété », il est difficile de trouver dans ce plan de véritables tournants, des actions de transformation un tant soit peu radicales. Si quelques annonces sont bienvenues – par exemple la suppression longtemps attendue du « plafond de dépense[12] » des agences de l'eau, qui reste à concrétiser en 2025 toutefois –, le plan reste à ce stade une belle histoire truffée de vœux pieux et de promesses vagues, dominée par une logique d'encouragement (non contraignante) et de soutien (non précisée), évitant de s'attaquer sérieusement aux racines des problèmes les moins consensuels, autour du partage des usages ou des pollutions (par les pesticides particulièrement), par exemple.

L'objectif-phare d'une baisse de 10 % des prélèvements d'eau d'ici 2030, lui non plus nullement garanti par des mesures clairement opérantes, mérite d'être souligné. Il s'agit en réalité d'un recul par rapport à l'objectif actuel, issu des Assises de l'eau de juillet 2019, d'une baisse de 10 % d'ici 2024 et de 25 % d'ici 2034. À noter que dans le même temps, la mission interministérielle[13] chargée d'analyser la gestion de l'eau dans le cadre de la sécheresse préconise dans ses recommandations adressées à l'État de suivre l'objectif de réduction des prélèvements d'eau fixé par les Assises... Et le jour même de l'annonce de ce plan, Marc Fesneau rassurait le monde agricole en lui assurant qu'il ne subirait pas de baisse de prélèvements[14].

Ce plan gouvernemental développe sans surprise une approche techno-centrée, où sont privilégiés les investissements dans les tuyaux, le développement d'équipements pour économiser l'eau et des technologies de réutilisation des eaux usées – incluant l'un des rares objectifs précis affichés de 1 000 projets. La logique est de permettre de conserver le même modèle de développement économique et agricole, les mêmes usages, en prélevant un petit peu moins et en créant des ressources additionnelles par la réutilisation des eaux usées sans tirer aucune leçon du constat fait d'une mauvaise gestion de l'eau et des milieux aquatiques.

De manière édifiante, cette communication gouvernementale est fortement axée sur les pertes d'eau dans les réseaux, orientant principalement l'action à mener vers les citoyens via leur consommation domestique. L'intérêt est double : s'attaquer aux fuites du réseau évite de s'attarder sur les prélèvements agricoles et laisse croire qu'il reste encore des marges de manœuvre sur les quantités à exploiter. Cet effort porté sur les particuliers se confirme par un autre chiffre qui a été médiatisé : 475 millions d'euros par an pour accompagner la mise en œuvre du plan via les moyens « rehaussés » des agences de l'eau. Admirable tour de passe-passe qui ne coûte rien à l'État mais aux usagers de l'eau qui paieront la hausse correspondante des redevances aux agences, les vraies institutions financières publiques pour le secteur de l'eau. Et parmi les usagers ce seront comme toujours les consommateurs domestiques qui paieront la hausse sur leurs factures d'eau dans la mesure où ils paient déjà aujourd'hui l'écrasante majorité des redevances, un peu moins d'un euro en moyenne par mètre cube. Les industriels, les énergéticiens et surtout les agriculteurs se voient bien plus marginalement mis à contribution, seulement quelques centimes. Cela fait des années que ce déséquilibre scandaleux dans le paiement de l'eau est dénoncé, et c'est certainement pour cette raison qu'il est indiqué en « rééquilibrant les financements ». Mais, au vu de l'expérience passée et des signaux envoyés, il est permis de douter qu'il soit appliqué une quelconque hausse tarifaire pour les agriculteurs et les industriels. À l'inverse, la facture d'eau des usagers domestiques est amenée à augmenter.

Politiser l'eau

Dans la mesure où la gestion de l'eau obéit à des règles collectives, où elle répond à un choix d'organisation et de processus de décision, où elle conditionne le développement de la société, elle est d'abord et avant tout politique. Trop longtemps accaparé par les experts techniciens et les acteurs économiques, le sujet de l'eau est rattrapé dans le contexte actuel de tensions par ses déterminants sociaux, économiques et même culturels, comme par ses facteurs écosystémiques et climatiques. Tous les discours et les prises de position pour réduire la gestion de l'eau à une question technique de tuyaux et d'équipements sont en réalité des partis pris qui ne disent pas leur nom et qui cachent des intérêts économiques et des luttes de pouvoir. Il est donc urgent de sortir l'eau de la sphère techno-logique/cratique dans laquelle elle a été enfermée depuis des décennies pour devenir un enjeu de débat politique.

Les Assises de l'eau avaient permis, entre novembre 2018 et juin 2019, d'engager une concertation large et inédite avec l'ensemble des acteurs de l'eau : collectivités territoriales, entreprises, organisations professionnelles agricoles, associations de protection de la nature, associations de consommateurs, instituts de recherche, etc., afin de s'accorder notamment sur des objectifs de restauration des milieux aquatiques, d'économie sur les prélèvements et de partage de l'eau.

À peine deux ans plus tard, est organisé le Varenne agricole de l'eau et de l'adaptation au changement climatique, dont la feuille de route se décline autour de deux axes : l'adaptation de l'agriculture au changement climatique (dont la capacité des sols à stocker de l'eau et la performance de l'irrigation) et l'accès à la ressource en eau (remise en service d'ouvrages hydrauliques, stockages, réutilisation des eaux usées traitées). Le rapport de force politique engagé avec le monde de l'eau – dont la voix traditionnellement porte peu – s'est dénoué une fois de plus en faveur de l'agriculture productiviste. La FNSEA et les irrigants, qui n'avaient pas apprécié les conclusions des Assises, ont obtenu de pouvoir bénéficier de volumes prélevables en hiver sans respecter les débits écologiques ou les périodes de recharge des nappes. Ils ont aussi obtenu la création d'un poste de délégué interministériel en charge du suivi des conclusions du Varenne, avec une capacité d'influence sur les orientations gouvernementales ; grand atout dont ne bénéficient pas les Assises. Parfaite illustration qu'en matière d'eau les considérations politiques priment avant tout.

On assiste aujourd'hui à une véritable offensive d'une partie du monde agricole – les irrigants, les agro-industriels, les syndiqués de la FNSEA – aux abois pour défendre un système à bout de souffle. Par peur du changement, faute d'accompagnement pour certains, par cynisme ou cupidité pour d'autres, ils s'accrochent à un modèle agricole qui a montré son incapacité à répondre aux crises, voire qui les aggrave. Ils demandent à l'État de les aider à faire perdurer un système qui craque par tous les bouts, insoutenable dans les deux sens du terme, à la fois impossible à poursuivre et intolérable. Un système qui privilégie quelques-uns au détriment du plus grand nombre, le court terme face au long terme, qui menace non seulement l'eau et ses milieux mais, à brève échéance, la possibilité d'une agriculture au service des humains, de la terre et du vivant.

La FNSEA a compris depuis longtemps que pour préserver ses intérêts de modèle agricole intensif et productiviste il fallait investir tous les lieux de pouvoir, dans le secteur agricole (chambres d'agriculture, coopératives agricoles, etc.) au sein des instances de l'eau (comité de bassin, commission locale de l'eau, etc.) et en politique. « La FNSEA c'est un système tentaculaire qui a verrouillé tous les espaces de décision[15]. » Elle a ainsi continûment incité ses adhérents à s'engager sur les listes municipales. Un lobbying qui a payé, à la fois en termes de pouvoir électif et de poids sur les orientations agricoles françaises prises ces dernières décennies. Particulièrement investis sur les territoires locaux, les agriculteurs ou anciens agriculteurs formaient la moitié des maires encore à la fin des années 1990. Les agriculteurs exploitants ne représentent plus que 11,6 % des maires après les dernières municipales en 2021. Seulement, si on compare ce chiffre à celui de 1,5 % de l'emploi actuel total (chiffre Insee), ils restent malgré tout surreprésentés dans les fonctions politiques locales. « C'est important car on fait partie des entrepreneurs des territoires ruraux, on connaît énormément le territoire et on peut faire de la pédagogie lors des conflits d'usage », justifie Luc Smessaert, agriculteur vice-président de la FNSEA et premier adjoint à Roy-Boissy (350 habitants, Oise)[16].

On ne peut pas reprocher aux agriculteurs de s'engager en politique et de défendre leurs intérêts.

Il faut en revanche élargir le débat politique et permettre à la société de se donner collectivement des orientations politiques pour répondre aux défis majeurs auxquels nous sommes confrontés. Comment insuffler une vision de long terme et du bien commun, partagée par le plus grand nombre autour de l'eau ? Comment faire accepter les principes de solidarité, de justice et de transparence comme principes directeurs ?

« L'eau fait partie du patrimoine commun de la nation. Sa protection, sa mise en valeur et le développement de la ressource utilisable, dans le respect des équilibres naturels, sont d'intérêt général. L'usage de l'eau appartient à tous dans le cadre des lois et règlements ainsi que des droits antérieurement établis. » Derrière cet article premier de la loi de 1992 qui organise la planification dans le domaine de l'eau, sont posées les questions qui devraient faire l'objet de débats éclairés et argumentés.

Face aux crises et risques croissants, les réponses politiques et institutionnelles actuelles semblent bien inadaptées. Construites sur un schéma présupposant l'abondance des ressources naturelles et fondées uniquement sur la satisfaction de nos besoins humains, elles doivent être profondément remodelées en intégrant le faisceau des contraintes et la multiplicité des acteurs. Les orientations politiques mises en œuvre doivent se reconfigurer dans un contexte de bouleversement climatique, de dégradation du vivant et de raréfaction des ressources. Un changement radical de paradigme s'impose qui demande de partir des milieux naturels et de la disponibilité des ressources, et non de continuer ce mode de développement fondé sur la croissance des volumes prélevés-consommés exigeant toujours plus de ressources additionnelles. Cela suppose une inversion des normes ; les usages économiques de l'eau (agricoles, industriels, énergétiques, loisirs) et non économiques (domestiques) doivent s'adapter à la ressource disponible et non l'inverse.

Cette profonde transformation ne peut se satisfaire de quelques aménagements mineurs. Au contraire, elle doit s'accompagner de choix de société très structurants. Quels usages de l'eau seront soutenables en 2050 ? Le dernier épisode de sécheresse a très fortement impacté de nombreux secteurs d'activité : baisses importantes de rendements jusqu'à 30 % de certaines filières agricoles, baisse de 20 % de la production d'électricité d'origine hydraulique, etc. Quelles transitions et adaptations voulons-nous engager pour concilier la préservation de la ressource en eau et des milieux aquatiques avec les différents usages (eau potable, souveraineté alimentaire, urbanisation, énergie, etc.) ?

Fonder une démocratie de l'eau

On attendrait de l'État et de ses administrations déconcentrées qu'ils placent l'intérêt général au cœur des politiques publiques. Or l'intérêt général aujourd'hui est de préserver les conditions d'habitabilité terrestre et d'assurer à la population les conditions d'une vie décente en lien étroit avec les éléments du vivant et même du non-vivant.
Les dernières luttes autour de Sainte-Soline ont posé la question de la légitimité de ce type d'infrastructures. Plus globalement, le discours public de ce gouvernement, et tout particulièrement de son ministre de l'Intérieur, face aux manifestations et à l'activisme « écologiste », les qualifiant d'« écoterrorisme », et la répression policière apportée rappellent que la bataille politique et démocratique va d'abord se jouer sur le terrain des luttes écologiques. Cette

délégitimation très inquiétante de toute contestation politique s'accompagne par ailleurs de mesures antidémocratiques de la part du pouvoir.
Dans un communiqué de presse du 15 mars 2023, France nature environnement dénonce l'instrumentalisation des événements de Sainte-Soline pour étouffer le débat démocratique. L'association APIEEE (Association de protection, d'information et d'études de l'eau et de son environnement dans les Deux-Sèvres) s'est vu retirer une subvention pour l'éducation à l'environnement, et a été exclue de toutes les instances de concertation liées à l'eau du département, après avoir exprimé son soutien public aux manifestations contre les mégabassines. « Oui, deux modèles s'affrontent. Nos armes à nous sont ancrées dans la démocratie », rappelle l'association[17]. Or, dans de trop nombreux cas de conflits autour du partage de l'eau, l'État, via les préfets, prend parti – au mépris parfois des procédures légales, des recours juridiques et des enquêtes publiques – afin de régulariser souvent au forceps des projets susceptibles d'affecter des captages d'eau potable, des zones naturelles d'intérêt écologique (zones humides

notamment). Les impacts négatifs environnementaux sur la préservation de l'eau et des espaces naturels comptent peu face aux projets agro-industriels controversés[18]. La France a d'ailleurs été condamnée par la Cour de justice de l'Union européenne pour non-respect des directives « nitrates » et « eau potable »...
Au cœur de l'actualité médiatique autour des mégabassines, Jean-Paul Pelras, rédacteur en chef de *L'Agri*, journal d'informations agricoles et rurales des Pyrénées-Orientales et de l'Aude – l'un des départements les plus touchés par les sécheresses –, organisant une réunion au sujet de cette sécheresse historique, s'exclamait : « C'est soit les écologistes, soit les agriculteurs ! », avant de demander à la préfecture une dérogation à une décision du tribunal administratif de Montpellier en faveur de France nature environnement qui avait permis l'annulation d'un précédent arrêté préfectoral concernant les débits réservés du Têt[19]. Sous la pression d'agriculteurs, de chasseurs et de quelques élus locaux, la préfecture a en effet fait appel de la décision du tribunal administratif. L'État a choisi son camp, préférant privilégier les débits très élevés pour les canaux d'irrigation au maintien du débit minimal

biologique. Loin de se contenter de cette victoire, quelques jours plus tard, les agriculteurs bloquaient la RN 116 et le barrage de Vinça pour dénoncer les restrictions d'eau à usage agricole. Au même moment, plusieurs communes sur le territoire interdisaient la consommation de l'eau du robinet face au faible niveau du réseau d'eau, tandis que le territoire connaissait un incendie d'une rare ampleur pour cette saison, dû à la sécheresse des sols.

Face à la montée des inquiétudes et d'une radicalisation des conflits autour du partage de l'eau et de ses usages, observable à des degrés divers sur l'ensemble du territoire, il nous faut collectivement poser les fondements d'une démocratie de l'eau. Certes, il existe déjà des structures et des institutions pour élaborer et réglementer la gestion de l'eau ; le monde de l'eau est même à ce titre particulièrement complexe tant il regorge d'acteurs et de structures consultatives et décisionnelles. En outre, les frontières hydrographiques ne recoupant pas les frontières administratives, des instances spécifiques ont été créées pour ce secteur, en sus de celles générales, comme les agences de bassin. Mais la tendance à l'empilement institutionnel et juridico-légal ne s'est jamais arrêtée : chaque nouvelle orientation ou politique publique débouche sur une nouvelle structure et de nouvelles procédures – à défaut d'être réellement mise en œuvre. Cet empilement rend évidemment plus difficiles l'implication et la participation citoyennes, dans un domaine que la multiplicité des secteurs d'activité en jeu et des acteurs impliqués, ainsi que son imbrication dans le vivant humain et non-humain, rend déjà particulièrement complexe. De fait, l'absence de lisibilité des actions mises en œuvre facilite le maintien d'une chasse gardée pour la technostructure et de puissants lobbys économiques.

Ce ne sont donc pas les instances qui manquent, mais leur capacité à être de vrais lieux d'échange et d'écoute entre les politiques, les experts, les différents utilisateurs de l'eau et les habitant·e·s des territoires. Pour qu'un examen démocratique puisse être effectué, trois conditions doivent être remplies : des données accessibles et régulièrement actualisées, un cadre de la construction démocratique de la politique de l'eau garanti et consolidé, et une augmentation des moyens de sensibilisation de l'ensemble des acteurs.

Le premier point peut sembler secondaire, mais il est essentiel de pouvoir s'accorder sur les données, le constat physique, hydrographique, climatique. Pour cela, un meilleur partage des connaissances quantitatives, qualitatives et sectorielles, une bonne appréhension des données du terrain sont indispensables et un préalable à toute démarche de discussion et négociation.

De nouveaux processus de participation publique et de co-élaboration des politiques publiques sont à repenser dans le cadre d'une gouvernance de l'eau adaptée aux différentes échelles territoriales. Il faut renforcer le partage de l'eau entre l'amont et l'aval d'un bassin versant et conforter la solidarité territoriale. Se pose bien sûr la question de la bonne échelle territoriale à retenir et du principe de subsidiarité ; bassins et sous-bassins versants, collectivités locales et État, comment articuler les différents niveaux de responsabilité et de décision ? Quelles nouvelles formes de participation citoyenne inventer ?

Il n'y a évidemment pas de modèle unique adaptable à tous les territoires, chaque territoire étant mieux à même de coconstruire un plan d'actions et de développer des solutions adaptées à son contexte, intégrant les enjeux quantitatifs et de qualité de l'eau[20]. Ces espaces seraient un moyen de se réapproprier une culture commune de l'eau qui nous fait aujourd'hui défaut. Depuis plusieurs années un changement de politique locale de l'eau est à l'œuvre sous l'impulsion de collectivités et d'associations. On observe un retour en grâce de la gestion publique qui s'accompagne de nouveaux objectifs assignés aux services d'eau, s'engageant sur du long terme, favorisant une plus grande participation citoyenne et interconnectant les différents champs des politiques publiques liées aux enjeux de l'eau. Les grandes métropoles comme Paris, Nice, Montpellier, Rennes, Lyon sont les exemples les plus connus mais s'inventent sur plusieurs autres territoires de nouveaux modes de gestion collective de l'eau intégrant les dimensions de vulnérabilité et de résilience. Ces nombreux exemples locaux démontrent qu'il est possible et souhaitable de gérer et de préserver l'eau selon une autre approche que celle dominée par l'économie et le marché.

Face à des logiques d'accaparement, de privatisation et d'extractivisme, il est plus que nécessaire de réaffirmer le caractère de bien commun de l'eau, dont la gestion gagne à être gouvernée au nom de l'intérêt collectif, englobant tous les écosystèmes vivants. Pourquoi ne pas repenser notre système démocratique malade en partant de la gestion et du partage des ressources naturelles, au premier rang desquelles l'eau ?

Notes

1 « Nappes d'eau souterraine au 1er avril 2023 et risques de sécheresse estivale », Communiqué de presse du BRGM, 13 avril 2023.

2 Ademe, « Changement climatique en Bretagne : le devoir d'adaptation », dossier à la Une n° 27, 1er octobre 2022.

3 Projet de recherche dont l'objectif est d'évaluer les impacts des diverses projections de changement climatique et d'élaborer des stratégies d'adaptation à l'horizon 2070.

4 AghaKouchak, A., Feldman, D., Hoerling, M. *et al.*, « Water and climate : Recognize anthropogenic drought », *Nature*, 524, 2015, p. 409-411.

5 Pour une explication détaillée, se référer à un texte de Florence Habets, directrice de recherche CNRS en hydrométéorologie, professeure à l'École normale supérieure (ENS – PSL), « Peut-on stocker les excès d'eau perdus à la mer ? », *Bon Pote*, 4 janvier 2023.

6 Tous les chiffres qui suivent sont des moyennes 2010-2019 (source : Commissariat général au développement durable).

7 Reghezza, M. (géographe et membre du Haut Conseil pour le climat et Habets, F. (directrice de recherche CNRS en hydrométéorologie, professeure à l'ENS), « Les mégabassines sont-elles des solutions viables face aux sécheresses ? », *Bon Pote*, 26 mars 2023.

8 Le ministère de la Transition écologique, avec l'appui de l'Onema (maintenant Agence française pour la biodiversité), a sollicité une expertise scientifique collective auprès de l'Irstea, en partenariat avec l'Inra, sur l'impact cumulé des retenues d'eau sur le milieu aquatique. Carluer, N., Babut, M., Belliard, J., Bernez, I., Leblanc, B., Burger-Leenhardt, D.,Dorioz, J.-M., Douez, O., Dufour, S., Grimaldi, S., Habets, F., Le Bissonnais, Y., Molénat, J., Rollet, A.-J., Rosset, V., Sauvage, S., Usseglio-Polatera, P., *Impact cumulé des retenues d'eau sur le milieu aquatique*, Expertise scientifique collective, Irstea, Agence française pour la biodiversité, coll. « Comprendre pour agir », 2017.

9 Christian Amblard, spécialiste de l'eau et des systèmes hydrobiologiques, directeur de recherche honoraire au CNRS, invité de Catherine Pottier, *Au fil de l'eau*, France Info, 25 septembre 2021.

10 Giec des Pays de la Loire, 2e rapport, avril 2023.

11 Avis du Conseil économique, social et environnemental (CESE), rapporteurs Pascal Guihéneuf et Serge Le Quéau, sur proposition de la commission Environnement, « Comment favoriser une gestion durable de l'eau (quantité, qualité, partage) face aux changements climatiques ? », 11 avril 2023.

12 Un mécanisme particulièrement inique inventé par Bercy pour empêcher les agences, qui sont alimentées par une redevance sur la facture d'eau, de dépenser leurs propres ressources, les entraînant à accumuler de la trésorerie... sur laquelle Bercy pouvait ensuite faire main basse pour abonder le budget général.

13 Retour d'expérience sur la gestion de l'eau lors de la sécheresse 2022, rapport interministériel commandé par les ministres chargés de l'Écologie, de l'Intérieur, de l'Agriculture et de la Santé, mars 2023.

14 « Prélèvements en eau : les agriculteurs n'auront pas d'efforts supplémentaires à fournir », *Ouest-France* - AFP, 30 mars 2023.

15 Interview de Benoît Biteau, paysan et eurodéputé EELV, « Sainte-Soline : témoignage d'un député en colère », *Greenletter Club*, avril 2023.

16 Jean-Baptiste Forray, Jérémy Fichaux, Romain Gaspar, « L'inexorable déclin des maires agriculteurs », *La Gazette des communes,* 1er mars 2023.

17 « Combat contre les mégabassines : quand l'État instrumentalise les évènements de Sainte-Soline pour étouffer le débat démocratique », Communiqué de presse, 15 mars 2023.

18 *Splann !* (« clair », en breton), la première ONG entièrement dédiée à l'investigation journalistique en Bretagne, créée sous forme d'association à but non lucratif. Elle a notamment recensé de nombreux projets aux impacts environnementaux très nuisibles et pourtant autorisés par l'État.

19 Jean-Paul Pelras, « Soutenir France nature environnement ou les paysans de notre département ! », *L'Agri*, 4 avril 2023.

20 « Plan eau de la planification écologique, Des ambitions trop limitées en matière de reconquête de la qualité », Communiqué de presse de la FNCCR, 24 janvier 2023.

Anne Le Strat, docteure en géopolitique, est engagée depuis des années sur les enjeux de gestion de l'eau. Adjointe au maire de Paris, elle a mené à bien la remunicipalisation du service de l'eau avec la création d'Eau de Paris qu'elle a présidé. Elle a cofondé et présidé Aqua Publica Europea, le premier réseau européen d'opérateurs publics d'eau et d'assainissement. Elle a mené plusieurs collaborations sur des programmes de recherche, notamment à NYU et est actuellement senior consultante pour ONU-Habitat.

Déjà parus

Laure Murat
Qui annule quoi ?
Sur la cancel culture

Ludivine Bantigny
L'Ensauvagement du capital

Julia Cagé
Pour une télé libre
Contre Bolloré

Thomas Piketty
Mesurer le racisme,
vaincre les discriminations

Cécile Alduy
La Langue de Zemmour

Clémentine Autain
Les Faussaires de la République

Alain Supiot
La Justice au travail
Quelques leçons de l'histoire

André Markowicz
Et si l'Ukraine libérait la Russie ?

Adélaïde Bon, Sandrine Roudaut,
Sandrine Rousseau
Par-delà l'androcène

Hervé Kempf
Le nucléaire n'est pas bon
pour le climat

Romain Blondeau
Netflix
L'aliénation en série

Myriam Revault d'Allonnes
Le Crépuscule de la critique

Fabrice Arfi
Pas tirés d'affaires

Cédric Herrou
Une terre commune

Johan Faerber
Parlez-vous Parcoursup ?

Fethi Benslama
Le Sacrifice de Rushdie

Fabien Escalona
Une République à bout de souffle

Stéphane Foucart
Un mauvais usage du monde
Politique du glyphosate et des OGM

Direction éditoriale : Hugues Jallon, Sophie Lhuillier
Conception graphique : François-Xavier Delarue
Réalisation : Nord Compo à Villeneuve-d'Ascq
Impression : Normandie Roto S.A.S. à Lonrai (France)
Dépôt légal : juin 2023 (2301197)
N° 154575